GUIDE DU CULOTTIER

Agréable et Utile

A MESSIEURS LES TAILLEURS

ouvriers et patrons,

PAR

LACOTE AINÉ,

avec portrait de l'auteur.

PARIS
CHEZ L'AUTEUR, RUE DE LA LUNE, 6,
Près le boulevard Bonne-Nouvelle,
Et chez tous les libraires.

1859

GUIDE
DU CULOTTIER

Agréable et Utile

A MESSIEURS LES TAILLEURS

ouvriers et patrons,

PAR

LACOTE AINÉ,

avec portrait de l'auteur.

PARIS

CHEZ L'AUTEUR, RUE DE LA LUNE, 6,

Et chez tous les libraires.

1859

J. LACOTE,

Né à Blet (Cher), le 6 décembre 1811.

A NOS CONFRÈRES.

Il est nécessaire pour connaître un métier, de l'avoir appris et pratiqué pendant un certain temps, d'en étudier toutes les parties avec la plus scrupuleuse attention et une courageuse persévérance, si l'on veut en raisonner avec quelque autorité.

C'est pour avoir méconnu ces vérités si simples, que des auteurs de manuels ou de méthodes sachant faire de jolies phrases, mais n'ayant pas la pratique du sujet traité par eux, ne nous ont fourni trop souvent que des œuvres incomplètes, décousues et incompréhensibles.

Depuis 1840, nous nous sommes spécialement occupé du PANTALON.

Nous avons travaillé successivement pour MM. BLAIN, RAGUENEAU, ROUZET frères, POMADÈRE, BAILLON, BECKER aîné, GERMOND et POMMIER, MARC, de la galerie d'Orléans, SCHWARTZ et Cᵉ, PERRODY, CHALANT, DAUME, etc., etc.

Depuis 4 ans, nous coupons et confectionnons pour la maison CHAUVIN et Ce, place de la Bourse.

Sous les ordres des chefs de ces maisons de premier ordre, nous avons, depuis notre arrivée à Paris, fait plus de DOUZE MILLE pantalons ou culottes de toutes formes et pour toutes classes, telles que valets, bourgeois, hommes de cour, officiers militaires, etc., etc.

Les remarques assidues que nous avons faites sur la coupe et la façon de ces importants établissements, nous ont suggéré l'idée de publier un nouveau mode de coupe *pour les Pantalons.*

Pensant avoir accompli une œuvre vraiment utile pour MM. les tailleurs, nous venons, avec la plus entière confiance, leur offrir notre ART DU CULOTTIER (1) qui, espérons-le, aura tout le succès que nous en attendons, celui d'aplanir les nombreuses difficultés que présente le pantalon, et de fournir, d'une manière claire et précise, les instructions nécessaires pour une coupe élégante et une confection irréprochable.

LACOTE aîné.

(1) L'*Art du Culottier* a été admis à la Bibliothèque de l'Institut. (Voir le n° 12, 21 mars 1859, 1er trimestre, page 599 des comptes-rendus des séances hebdomadaires de l'Académie des sciences.)

INTRODUCTION.

Dès l'apparition de notre nouveau mode de coupe, nous crûmes urgent de donner quelques détails sur les avantages que présentait un pantalon bien fait. Le succès obtenu jusqu'à présent est pour nous une nouvelle preuve que ce n'est jamais en vain que l'homme d'étude fait appel au jugement éclairé de ses honorés confrères.

Dans une de nos circulaires, nous disions :

« Le Pantalon étant le vêtement le plus difficile et le plus précieux, c'est sur lui que le tailleur doit porter toute son attention.

» Depuis longues années nous nous en occupons spécialement, et l'expérience nous a démontré qu'un pantalon bien assis sur les hanches et touchant bien à l'entre-jambe, donnait non seulement de la grâce et de l'aisance à l'homme, mais encore qu'il pouvait le garantir de graves dangers en facilitant les mouvements du corps. Aussi est-ce avec la plus grande confiance que nous venons aujourd'hui offrir à la Société l'heureux résultat de nos longues et consciencieuses recherches. »

Oui, un pantalon bien fait peut préserver de graves dangers, soit en montant en voiture, à cheval, un escalier ou sur une échelle, soit en faisant des armes, de la gymnastique, soit qu'on veuille porter ou lever de lourds fardeaux, ou lorsqu'on a besoin de faire un mouvement brusque, en avant ou en arrière. Tandis qu'un pantalon dont la coupe est mauvaise, défectueuse, peut, dans toutes circonstances, nous entraîner à des malheurs trop souvent irréparables.

Dans une autre circulaire plus récente, nous disions :

« Il est à remarquer que depuis quelques années surtout, les pantalons sont faits avec plus d'élégance. C'est un progrès très satisfaisant. Mais personne n'ignore qu'un pantalon avant d'être livré, a souvent besoin d'être retouché. Cette retouche nécessaire n'accuse, en aucune façon, le manque de savoir-faire de Messieurs les Tailleurs ; cela dépend uniquement de ce que l'on ne fait pas assez de ce vêtement si difficile, une spécialité. La raison dit : *l'homme ne peut être apte à tout*.

» Nous qui, depuis vingt ans, faisons du pantalon un objet spécial, nous n'avons seulement que cette année terminé notre NOUVEAU MODE DE COUPE qui donne le VÉRITABLE APLOMB. Il est vrai que nous avons voulu constamment joindre la théorie à la pratique.

» Fort de l'approbation que nous avons obtenue, nous venons offrir à nos confrères l'objet de nos longues recherches, appelé l'ART DU CULOTTIER (déposé).

» Cette précieuse découverte est composée de :

» Un JOLI TABLEAU d'environ 60 centimètres carrés, représentant un *devant* et un *derrière* de pantalon, avec les tracés ou lignes de tous les aplombs, et l'inscription par proportion de 14 modèles ; plus 8 figures placées de différentes manières et en couleurs variées, pour aider à démontrer notre méthode.

» Toute demande devra nous être adressée *franco*. Les envois en province se font contre remboursement.

» *Un cours gratuit de Coupe sera institué pour les personnes qui, possesseurs de la méthode, croiraient encore avoir besoin de conseils.* »

Le pantalon étant le premier vêtement de l'homme, chacun, selon nous, devrait savoir le couper, et nous ne craignons pas de trop nous avancer en disant qu'il serait utile qu'on enseignât notre Méthode comme l'on enseigne la géométrie, l'architecture, le dessin, etc.

Rien n'est plus élégant dans la toilette de l'homme qu'un pantalon artistement coupé et fait avec soin.

Qu'un fashionable en ait un qui le prenne bien à l'entre-jambe, qui tombe bien sur sa chaussure et lui fasse ressortir les hanches, chacun, au bal ou au salon, l'admirera et fera l'éloge de son tailleur.

Il est si vrai que le pantalon est le principal objet de toilette de l'homme, celui qui attire le plus vivement l'attention de l'observateur distingué, que tous, sans exception, artistes, bourgeois, artisans, militaires, etc., font au tailleur pour ce vêtement, plus de recommandations que pour tous les autres.

Oui, nous le répétons, il serait à désirer

que tout le monde pût, au besoin, savoir couper ce vêtement. Que de fois l'ouvrier n'a-t-il pas dit à sa femme : « il est bien fâcheux que tu ne connaisses pas la coupe d'un pantalon, car tu sais coudre et en ayant un modèle, tu pourrais m'en faire. »

Que d'ouvriers sont obligés de payer leurs pantalons de travail le double de ce que coûte l'étoffe et encore sont-ils souvent fort mal cousus et coupés par demi-douzaine, *à peu près* à leur mesure.

Il est bien entendu qu'ici nous ne parlons que des pantalons ordinaires. Ceux de toilette exigent pour la mode et l'élégance, les soins d'un excellent tailleur.

Dans le but d'être utile à tous, nous offrons au public un PATRON-MODÈLE DE PANTALON en papier extra-fort, quelle qu'en soit la forme, moyennant la somme de 2 francs.

Ces patrons sont coupés sur des mesures de proportion ou celles demandées, qui sont : la longueur de l'entre-jambe, la longueur du côté à partir de la semelle de la chaussure, la grosseur du ventre et de la ceinture, prises très justes, puis quelques détails sur la tenue de l'homme et sa conformation.

Les ventes peuvent se faire par 1, 2 ou 3 patrons, ou par petite série de 10, ou grande série de 18. Cette dernière composée comme suit : 14 patrons demi-collants, 1 collant, 1 hussarde, 1 à petit pont, 1 à pied.

Une note est jointe à chaque modèle pour expliquer les modifications qui seraient ultérieurement jugées nécessaires.

Chaque Patron-modèle et chaque Tableau, non revêtus de leurs numéros d'ordre et de notre signature, seront réputés contrefaits.

L'ART DU CULOTTIER

PAR **LACOTE** AINÉ.

Cette nouvelle méthode est représentée sur un tableau in-folio où sont inscrits :

Le développement des différentes formes de pantalons ;

Les mesures de proportions de 14 modèles depuis le 34 (demi-grosseur de ceinture), jusqu'au 60 ;

Un *devant* et un *derrière* de pantalon, avec les tracés ou lignes de tous les aplombs :

8 figures en couleurs variées :

Manières de placer les largeurs du genou ; hauteurs du montant ; pointes de fourches, etc., etc. — Résumé.

DÉMONSTRATION.

Au milieu du Tableau sont placés un *devant* et un *derrière* de pantalon ayant 34 de demi-grosseur de ceinture.

De ces deux figures partent des lignes horizontales marquant les largeurs et aplombs et qui sont prolongées à une distance de 8 centimètres.

Chacune de ces lignes contient trois colonnes de chiffres; la première à gauche marque les largeurs de ceinture; la deuxième marque les centimètres; la troisième les millimètres.

Ces deux dernières colonnes donnent les mesures détaillées de toutes largeurs.

Pour les montants sont figurées 2 lignes verticales qui marquent le montant du ventre et du côté. Les mesures du *devant* partent de la ligne horizontale de la pointe de fourche; celles du *derrière* partent de la ligne horizontale du genou aux points C, où se posent les tirants.

Les chiffres inscrits sur les figures indiquent les mesures détaillées que l'on doit mettre à un pantalon 34 demi-collant.

Pour se rendre bien compte de toutes les proportions, il suffit de jeter un coup d'œil sur le *devant* qui est à l'échelle de ce tableau, le 8 placé au bas indique qu'il y a 8 centimètres de largeur du côté à la ligne perpendiculaire, si on examine la colonne à gauche sur laquelle il est posé, on s'aperçoit que le 34 a 8 centimètres, le 36, 8 centimètres 2 millimètres, le 38, 8 centimètres 4 millimètres et le 60, 10 centimètres 6 millimètres.

Pour placer toutes ses proportions, il faut consulter les autres colonnes, les chiffres qui y sont inscrits désignent exactement ce qu'il faut mettre pour chaque taille. Ainsi, l'on verra qu'à la ligne horizontale de la pointe de fourche, le 34 a 10 centimètres 5 millimètres dans l'entre-jambe et 8 centimètres 2 millimètres sur le côté ; de même que le *derrière* à la ligne horizontale du genou aura pour le 34, 10 centimètres à l'entre-jambe et sur le côté 13 centimètres 9 millimètres ; le 42, 11 centimètres 4 millimètres à l'entre-jambe et 13 centimètres 7 millimètres au côté, etc., etc.

A gauche du tableau, est un carré de chiffres qui donne les *Mesures de 14 modèles* par demi-grosseurs.

Si l'on additionne toutes les mesures marquant les largeurs qui se trouvent aux figures *devant* et *derrière* de l'échelle de proportion, on obtiendra les mêmes chiffres que ceux marqués au carré des 14 modèles.

Après avoir étudié le développement, le

résumé, les largeurs du genou, pointes de fourche et montant expliqués sur le tableau, on connaîtra cette méthode suffisamment pour pouvoir couper avec assurance toutes formes de pantalons.

L'art du Culottier se divise en cinq parties, savoir :

1re partie. — MESURE.
2e partie. — COUPE.
3e partie. — FAÇON.
4e partie. — RETOUCHES.
5e partie. — DIFFORMITÉS DIVERSES.

Ces cinq parties distinctes et essentielles du pantalon, nous nous proposons de les traiter, d'après notre méthode, dans cette présente brochure qui n'en est que le complément obligé.

En entreprenant ce travail, nous avons le désir sincère d'être utile à toutes les personnes qui s'occupent du pantalon.

Les demandes, qui déjà nous ont été faites, nous donnent l'assurance que, dans un temps assez rapproché, notre méthode sera dans toutes les mains.

PREMIÈRE PARTIE.

MANIÈRE DE PRENDRE MESURE.

Il faut commencer par prendre mesure à partir de l'entre-jambe jusqu'à la semelle de la chaussure, celle du côté depuis la hanche aussi jusqu'à la semelle, afin que la différence des deux longueurs, qui détermine le montant, soit bien établie.

Déduire ensuite la longueur selon que le client désire que son pantalon soit long ou court, et s'il veut le monter plus haut que la hanche, prendre note du surplus. Bien remarquer la tenue du client qui ne doit être penché ni d'un côté ni de l'autre, si l'on veut avoir ses longueurs bien justes.

Lorsqu'on a la mesure de la ceinture, prendre celle du ventre juste au milieu du montant, c'est-à-dire si l'homme a 24 cent. plus de longueur de côté que d'entre-jambe, prendre la grosseur du ventre à la moitié, soit à 12 cent. (Voir le développement de l'*Art du Culottier.*)

La mesure de la cuisse doit être prise juste à 4 cent. plus bas que la pointe de fourche, toujours du côté droit, c'est-à-dire du côté dont l'homme ne porte pas; on prend la mesure du genou, afin de se rendre compte de la grosseur de la cuisse à laquelle, comme pour celle du bas, on ajoute la grosseur désirée.

Pour les largeurs à mettre dans l'entre-jambe, on doit se reporter à l'échelle de proportion figure 6 de l'*Art du Culottier.*

Il est d'une absolue nécessité de prendre toutes ces mesures le plus juste possible.

DEUXIÈME PARTIE.

COUPE DU PANTALON.

Les figures 1 et 1 bis de notre tableau, l'Art du Culottier, représentent le devant droit et le derrière d'un pantalon ayant 34 de demi-grosseur de ceinture. Cette mesure donne toutes les proportions des autres mesures, hormis celle de l'entre-jambe.

Pour lever un modèle, quelle qu'en soit la forme, il est utile de procéder ainsi :

Supposons que l'on ait à couper un pantalon de 34 de demi-ceinture.

Pour couper le devant, il faut d'abord tracer une ligne perpendiculaire à 8 cent. 5 mill. du bord de l'étoffe qui est le quart de la demi-grosseur de ceinture; puis une autre ligne à même distance plus avant pour former le devant ou l'ouverture de la brayette. Ce second tracé détermine la ligne H à la fig. 2.

Pour la pointe de fourche du devant droit, ajouter 2 cent., ce qui donne 10 cent., 5 mill. de pointe de fourche. Ces pointes vont en augmentant de 2 m. + 5 m. pour la largeur du devant, soit 7 m. d'augmentation pour toutes les tailles.

Après avoir pointé la ligne perpendiculaire à toutes les longueurs (*voir la fig.* 1), tirer des lignes verticales sur ces dits points ; poser également des points aux largeurs que l'on doit donner (notre échelle de proportion les indique); tirer ensuite des lignes d'un point à un autre, et l'on obtient le modèle brut.

Voir au tableau, fig. 2, pour le devant droit dégrossi ; fig. 3, pour le derrière dégrossi.

La fig. 4 représente le devant gauche coupé plus large aux lettres F G, afin que le port soit enveloppé et ne paraisse pas. Cette largeur est facultative, selon la disposition du client ou du coupeur.

Cette figure indique qu'il est nécessaire de laisser en plus, à la pointe de fourche, 3 cent. allant en diminuant jusqu'au genou et finissant par en haut au bouton de brayette. Pour dégrossir, voir les fig. 2 et 4.

Pour couper le derrière, tracer du bord de

l'étoffe une ligne perpendiculaire qui soit à distance des deux tiers de la demi-grosseur de ceinture, soit pour le 34 à 22 cent. ; opérer comme pour le devant, c'est-à-dire en posant des points à toutes les longueurs et largeurs; tirer ensuite des lignes d'un point à un autre et l'on aura le modèle brut (*voir fig. 1 bis*). Pour le dégrossir, voir la fig. 3.

La ligne perpendiculaire du devant est déterminée en haut juste au milieu du quart de la demi-grosseur de ceinture, en bas, juste sur le coude-pied.

Celle du derrière est déterminée par la demi-largeur du pantalon prise juste en bas au milieu du talon, en haut juste sur l'épine dorsale.

Il faut placer ensuite le devant sur le derrière, de façon que les lignes perpendiculaires et celles verticales du genou se trouvent posées exactement l'une sur l'autre (voir la fig. 5 du tableau et le n° 1 de cette brochure).

Les mesures détaillées à l'échelle de proportion de notre tableau démontrent la manière de placer les largeurs pour toutes les tailles.

Il est assez difficile de pouvoir se rendre

compte du placement du haut du montant ; notre longue pratique nous a appris que pour les hommes qui portent 34, 36, 38 et 40 de ceinture; leur grosseur se portant tout entière sur la hanche, il fallait mettre plus de longueur sur le montant du côté que sur celui du devant. Ainsi le 34 a 1 cent. 6 mill. moins de montant sur le devant que sur le côté, le 36 a 1 cent. 2 mill., le 38 a 8 mill., le 40 à 4 mill. Le 42 est coupé carrément.

Au-dessus de cette grosseur, c'est-à-dire lorsque l'homme commence à prendre du ventre et qu'il a conséquemment moins de hanches, nous donnons plus de hauteur sur le devant que sur le côté. Ainsi le 44 aura 4 mill. de plus ; le 46, 8 mill.; le 48, 1 cent. 2 mill.; le 50, 1 cent. 6 mill. ; le 52, 2 cent.; le 54, 2 cent. 4 mill.; le 56, 2 cent. 8 mill.; le 58, 3 cent. 2 mill. et le 60, 3 cent. 6 mill. plus de montant sur le devant que sur le côté. (*Voir au tableau l'explication du montant.*)

Largeur du genou. — Toute la grosseur des personnes qui ont 34, 36, 38, 40 et 42 se portant sur le côté, on doit, pour couper un pantalon dont les largeurs sont placées dans les proportions voulues, laisser plus de grandeur en dehors qu'en dedans. Ainsi le 34 doit avoir 2 cent. de plus en dehors qu'en dedans; le 36, 1 cent. 6 mill.; le 38, 1 cent. 2 mill.; le 40, 8 mill.; le 42, 4 mill.; le 44 sera coupé carrément.

Pour les hommes dont la grosseur se porte sur le ventre et en dedans de la cuisse, nous mettons au genou du 46, 4 mill. de plus en dedans qu'en dehors; au 48, 6 mill.; au 50, 8 mill.; au 52, 1 cent.; au 54, 1 cent. 2 mill.; au 56, 1 cent. 4 mill.; au 58, 1 cent. 6 mill.; et au 60, 1 cent. 8 mill. (*Voir le tableau pour la démonstration.*)

Le point A du tableau est déterminé par l'ouverture du demi-pantalon (voir fig. 6). Il se trouve à 2 cent. plus bas que la ligne verticale qui marque l'entre-jambe.

La pointe de l'entre-jambe du derrière étant plus large que celle du devant, cette largeur lui donne un biais qui la rend plus longue; cette pointe doit être tendue de 1 cent. pour l'homme ordinaire; ce qui explique pourquoi la ligne est plus basse de 2 cent. Si l'on coupe pour un homme qui se tient très droit, il est nécessaire de tendre davantage la pointe de derrière ; si, au contraire, l'on travaille pour un homme qui se penche en avant, il faut la remonter, c'est-à-dire plus l'homme se tient droit, plus la pointe de fourche doit être courte ; plus l'homme se tient courbé, moins il faut la tendre et la creuser. (Voir le n° 4 qui représente trois derrières : le droit, marqué L D ; le courbe, marqué L C ; celui du milieu est pour l'homme ordinaire.)

Le point B, placé à une distance de 5 cent. 5 mill. de la ligne perpendiculaire, est le huitième de la demi-grosseur du ventre qui est de 44 cent., fig. 1 du tableau. Ce point doit être placé au milieu du montant. Pour un homme qui a 24 cent. de montant, il faut prendre la mesure de sa grosseur du ventre à 12 cent. du haut, et lorsqu'on coupe, mettre le huitième de la demi-grosseur pour la largeur du derrière. (*Voir au tableau le point B aux figures* 1 *bis et* 3). Il est toujours bon d'y laisser un peu plus de grandeur pour les hommes qui ont l'habitude de se tenir courbés (*voir le n°* 4).

Le point C est celui où la couture doit être faite et où les pointes des tirants doivent serrer.

Il est l'aplomb de la couture du haut et est déterminé par la ligne perpendiculaire.

Si l'on place perpendiculairement le devant du pantalon sur le derrière, ce point doit être 5 cent. plus haut que le devant (voir fig. 5). Si l'on fait la couture plus loin et que le pantalon soit juste, l'aplomb est dérangé ; la couture réunissant les deux derrières fait corde, le pantalon gêne pour la marche, touche trop sur les genoux et remonte lorsqu'on est assis. Si, au contraire, cette couture est faite plus en dedans, en repoussant la ligne perpendiculairs sur le derrière, on dérange l'aplomb, la couture des fonds est trop longue. produit des plis au bas des fonds, renvoie la pointe de fourche sur le devant et lui fait faire ce qu'on appelle *le tablier*.

On peut parfois faire la couture aux points B et C plus loin, pourvu que les tirants, une fois serrés à la grosseur de l'homme, se trouvent justes à la ligne perpendiculaire. Dans ce cas, le pantalon se trouve plus large dans le fond de ce qu'on a laissé en plus aux points B et C ; mais l'aplomb reste toujours le même.

Le second point C est déterminé par la grosseur de ceinture. En prenant la largeur du devant (voir fig. 1 et 2) qui est au 34, on trouve 8 cent. 5 mill., à partir de la couture de brayette ou ligne H à la ligne perpendiculaire, puis 7 cent. de cette ligne au côté, soit 15 cent. 5 mill. Il nous reste pour le derrière du pantalon 18 cent. 5 mill., nombre égal d'un point C à l'autre (fig. 3) avec les suçons, 20 cent. 5 mill.

Pour déterminer la hauteur, il faut mesurer la longueur du devant de la ligne horizontale du genou au côté et mettre la même longueur au derrière à partir de cette ligne du genou. De cette manière, le second point C sera à son aplomb.

En examinant l'échelle de proportion, on s'aperçoit que le devant a 37 cent. de la ligne du genou à celle de la pointe de fourche, puis 22 cent. 6 mill. de montant, soit 59 cent. 6 mill., longueur égale au derrière de la ligne du genou au second point C.

Même opération indispensable pour tous les pantalons.

Suçons. — Il est d'usage pour les hommes minces de mettre entre les deux points C deux *suçons*. (*Voir la lettre I, fig.* 5 *du tableau.*)

Le plus petit sert à bien asseoir le pantalon sur la hanche; le second à renvoyer de la largeur sur le gros de la fesse. Cette largeur correspond ou se réunit avec celle produite par le *tendage* de la pointe de fourche du derrière.

Deux suçons sont nécessaires aux pantalons qui doivent être portés sans bretelles. Néanmoins un seul suffit pour les personnes qui commencent à avoir du ventre, c'est-à-dire qui ont 46 cent. et au-dessus.

Plus les hanches de l'homme sont grosses, plus les suçons doivent être forts et courts, afin de leur donner de l'aisance.

Pour les pantalons à la hussarde, les suçons doivent être toujours courts et très forts. (Voir le n° 3).

L'homme qui ne porte pas de bretelles étant plus serré de la ceinture, ses pantalons doivent être coupés plus grands que ne l'indiquent les mesures de proportion. (Voir l'explication au tableau). On doit laisser un peu de rond à la ligne H, ainsi qu'aux hommes qui ont du ventre.

Pour ceux qui portent des bretelles, il faut tendre un peu le haut du derrière à partir du point C au second suçon ; ce qui fait que le haut du pantalon suit les mouvements du corps sans le gêner, tout en étant serré par les tirants.

Si l'on veut couper un pantalon à raies ou à carreaux, il faut placer les lignes perpendiculaires sur une raie, afin que la raie du devant se trouve bien juste sur le coude-pied et en haut, au 1/4 de la demi-grosseur de l'homme, et que celle du derrière soit juste au milieu du talon et en haut sur l'épine dorsale.

Pour un pantalon plus large que les mesures de proportion indiquées au tableau, on doit laisser de la largeur au derrière, sur les côtés seulement, depuis la hanche jusqu'en bas.

Pour un pantalon à la hussarde, il faut laisser de la largeur au derrière et au devant, éviter avec soin d'en mettre à l'entre-jambe; cette largeur, en empêchant que la jambe soit bien dessinée, obligerait à des frottements en haut et en bas, ce qui ferait user bien vite le pantalon qui, du reste, serait peu gracieux.

En le mettant plus étroit du genou en dedans, il a davantage de biais ; ce qui donne de l'élasticité et facilite les mouvements. (Voir le n° 3).

Pour un pantalon plus étroit, il faut ôter de l'étoffe au derrière, à l'entre-jambe et au côté, sans toucher aux points A et C. (*Voir l'Art du Culottier et le n° 3*).

Il est de la plus stricte nécessité de reprendre la mesure à chaque fois que l'on fait un pantalon si l'on veut éviter de grandes retouches.

L'homme à qui l'on prend mesure aujourd'hui possède, je suppose, 42 cent. de demi-grosseur de ceinture, 80 cent. de longueur d'entre-jambe, 25 cent. de montant, soit 105 cent. de côté.

Mais dans quelques mois, ce même individu peut grossir de 2 cent., ce qui lui ferait 44 cent. Cette grosseur de 2 cent. exige 6 mill. de plus sur le montant du côté, 1 cent. de plus de montant sur le ventre et 4 mill. moins de longueur dans l'entre-jambe.

De même, si cet homme qui avait autrefois 42 cent. de demi-grosseur de ceinture n'en a maintenant que 40, il lui faudra 4 mill. de plus de longueur d'entre-jambe, 6 millim. moins de montant sur le côté et 1 cent. moins de montant sur le ventre.

Plus l'homme prend d'embonpoint, moins il lui faut de montant et de longueur d'entre-jambe. L'effet contraire se produit pour les personnes qui maigrissent.

Renversement. — S'il est un mot employé journellement par MM. les tailleurs, c'est bien celui de *renversement*. S'il est une erreur depuis longtemps enracinée dans notre partie, c'est bien celle qui consiste à faire sur la hanche une coupe distincte pour les hommes droits, courbés ou très renversés.

Supposons que l'on ait à couper pour deux hommes de même grosseur dont l'un serait très renversé et l'autre droit. Nos confrères mettent plus ou moins de largeur sur le côté du derrière, ou en termes *techniques*, plus ou moins de *renversement*. L'expérience que nous avons acquise nous oblige à déclarer nettement qu'il n'en faut pas plus à l'un qu'à l'autre.

La largeur mise en plus sur le côté *refoule* et fait paquet à l'entre-jambe. Si l'on met moins de largeur, le pantalon fait corde à la couture du fond et bride sur le genou, sur la hanche et remonte lorsqu'on est assis.

Cette largeur mise plus ou moins grande sur la hanche ne peut que déplacer la ligne perpendiculaire qui forcément revient d'elle-même à son aplomb aussitôt que l'homme est revêtu de ce vêtement.

Il est vrai que les hommes droits, courbés et très renversés exigent une coupe différente. (Voir pour les changements à faire le n° 4, l'explication à la page 21 et l'*Art du Culottier*).

Devants étroits. — Nous avons mis les devants de nos PATRONS MODÈLES plus étroits de 1 cent. 5 mill. que la demi-grosseur de l'homme et presque droits, en voici les raisons :

Presque tous les pantalons sont aujourd'hui à bandes. En les coupant sur nos modèles, presque droits, les bandes restent entières, sauf le haut qui se trouve abattu sur la hanche où l'on pratique l'ouverture de la poche.

Les devants étroits font paraître l'homme plus mince de taille, ce qui produit l'élégance.

En coupant les devants plus petits que le

derrière, les poches se trouvent un peu plus en avant. On peut donc facilement y mettre la main sans avoir besoin de relever la jupe de ses habits, redingotes, paletots, etc., etc.

Pantalons à guêtres. — Il faut creuser le bas du derrière et au droit de la cheville, ainsi que le devant qui doit avancer sur le coude-pied ; les tendre et les rentrer de façon qu'ils soient très cambrés. (Voir les trois n°s 6 représentant les bas du derrière et du devant, plus le bas du pantalon une fois terminé).

Pantalons à plis ou froncés. — Pour couper un pantalon à plis ou froncés, il faut, sur le devant, faire à l'étoffe un pli de la largeur que l'on désire plus grande que pour un pantalon ordinaire ; bâtir ses plis, puis ensuite couper comme pour un pantalon à la hussarde.

TROISIÈME PARTIE.

FAÇON DU PANTALON.

Un pantalon a beau être bien coupé, s'il est mal confectionné, il ne peut bien aller, ni faire le même usage. Il est donc nécessaire que l'ouvrier ait quelques notions de la coupe, et qu'il sache que toutes les lignes nommées *oches d'aplomb* doivent être bien exactement posées les unes sur les autres ; que le bas soit bien cambré dans sa ligne perpendiculaire, et qu'en formant la cambrure, l'on n'appuie pas le carreau sur le bord de l'étoffe, car elle serait très difficile à effacer. Le bas du devant doit être tendu autant d'un côté que de l'autre. Le côté droit doit être tendu à la pointe de fourche, de façon à être juste avec l'autre. On tendra la pointe de fourche ou entre-jambe de derrière à la longueur du devant.

Que tous ces tendages soient faits assez

avant dans l'étoffe et non sur les bords, sinon ils *godent* presque aussitôt et une fois les coutures pressées, ils forment *embu*. Il est d'une absolue nécessité de bien sécher le drap, soit en rentrant, soit en tendant.

Que la sous-patte soit mise assez courte pour soutenir le ventre et empêcher les boutons et boutonnières de la brayette de forcer.

Afin que la brayette ne lève pas, il faut coudre le bouton bien sur les bords de la ceinture et de la brayette. La boutonnière du sous-pont qui le reçoit doit être juste à partir de la couture du sous-pont.

Une fois que le pantalon est sur l'homme, on ne doit voir ni la couture du sous-pont, ni même les boutons, tout en n'ayant que le bouton de la brayette boutonné, sinon le pantalon est mal coupé ou mal confectionné, c'est-à-dire la brayette doit bien aller avec le bouton de la ceinture seulement.

Cette observation, qui paraît de peu d'importance, est cependant d'une grande utilité, et nous ne saurions trop la recommander aux Culottiers.

On laisse généralement de l'étoffe au derrière dans la couture du fonds et dans l'entre-jambe, il faut en laisser peu dans la pointe du fonds, car cette étoffe retient la couture. Cette dernière doit être tendue au fer, ainsi que l'étoffe laissée en plus, afin de faciliter les mouvements.

Il est aussi nécessaire de faire une *oche* à la couture du fonds, de chaque côté du derrière, afin qu'en montant le pantalon, elles se trouvent ensemble. Très souvent les derrières sont mal montés par l'omission de ces *oches*.

Les ouvriers ne doivent rien faire sans se demander : Pourquoi fait-on ceci, cela ? Dans quelle intention ? Dans quel but ? Y a-t-il économie de temps ou d'étoffe ? En changeant ce travail, y trouverait-on de l'avantage ?

Il faut pour comprendre et connaître parfaitement un ouvrage se poser ces questions et les étudier avec soin et persévérance.

Apprêter l'ouvrage et bâtir. — Celui qui occupe des ouvriers et ouvrières doit lui-même tout apprêter, de façon que personne ne reste inoccupé et n'attende pas après lui.

Pour qu'il y ait plus d'activité dans le travail, il faut commencer par apprêter et prendre l'habitude de tout bâtir avant de coudre ; préparer sa besogne de manière à avoir beaucoup à presser en même temps. Plus on change d'ouvrage, moins il est bien fait et moins on avance. N'employer dans l'intérêt du patron et du client et par pure économie que des fournitures de choix.

On devrait faire de chaque article du pantalon une spécialité, comme on en fait du gilet, de la redingote, etc., etc.

QUATRIÈME PARTIE.

RETOUCHES.

Lorsqu'un pantalon ne va pas, tâchons avant de le retoucher, de savoir d'où provient le défaut, si c'est du coupeur ou du culottier.

Si rien n'a été changé dans la coupe et si les aplombs sont bien ensemble, c'est que la mesure a été mal prise ou qu'on ne l'a pas exactement suivie, ou que le client est contrefait.

On ne doit jamais retoucher un pantalon sans s'être bien assuré des changements à faire et si les mesures sont bien exactes, surtout celle de la ceinture.

Il n'est pas bien de dire à un client de se tenir droit lorsqu'on lui prend mesure ou qu'il essaie un vêtement, mais en faisant la conversation, il faut tâcher de connaître sa position la plus ordinaire, sans cela, on risquerait fort de se tromper, soit en coupant le pantalon, soit en faisant les retouches.

Les pantalons ne doivent être essayés qu'étant entièrement terminés ; c'est le meilleur moyen d'éviter les grandes retouches. Ceux qui sont essayés avant d'être finis ne peuvent donner le plus souvent qu'une faible idée de leur aplomb.

Nous n'admettons l'essayage que pour les longueurs et les personnes difformes.

Avec notre Méthode, l'on n'a d'autre retouche que la *fantaisie* du client si toutes les observations sont bien suivies pour la mesure, la coupe et la façon.

CINQUIEME PARTIE.

DIFFORMITÉS DIVERSES.

Cette cinquième partie renferme presque autant de cas différents qu'il y a d'hommes difformes. Il nous paraît donc bien difficile, sinon impossible, de la traiter théoriquement. Elle ne peut se montrer qu'en présence de la difformité même. Nous avons ouï dire que certains professeurs avaient cherché à développer cette partie. Nous voudrions croire qu'ils ont réussi. L'on peut expliquer la constitution d'un homme verbalement ou par une figure et démontrer ensuite la coupe. Mais si un homme a la jambe, le genou en dedans ou en dehors une hanche plus haute ou plus basse que l'autre, etc., comment établir justement les différences?

On doit donc examiner attentivement la personne à qui l'on prend mesure et établir soi-même *de visu* les différences qui peuvent résulter de sa difformité.

Un coupeur connaissant son *véritable aplomb, ses lignes et points* invariables saura promptement faire les changements exigés par la difformité d'un client.

Nous avons l'assurance que les tailleurs intelligents qui s'occupent avec attention de cet art difficile, ont assez de perpicacité pour pouvoir se passer de la démonstration des difformités.

PANTALONS POUR MILITAIRES.

Il est de toute nécessité de mettre deux forts suçons à ces pantalons qui doivent être grands sur les hanches et avoir 1 centimètre plus de largeur au point A ; creuser moins le derrière entre les points A et B, ainsi que la fourche du devant droit, les monter juste sur la hanche afin qu'ils touchent bien à l'entre-jambe. Ceinture large comme aux pantalons sans bretelles.

Pour la cavalerie, moins creuser la fourche et couper ensuite comme pour les hommes ordinairement assis.

Si ces changements ôtent un peu de grâce

aux pantalons, ils donnent de la facilité pour faire des armes et monter à cheval, lorsque le fantassin met le genou à terre, si le pantalon ne touche pas bien à l'entre-jambe ou qu'il soit trop juste sur les hanches, en retenant ses mouvements, il quitte les hanches et fait *tablier* à l'entre-jambe. Ce qui fatigue l'homme énormément et le rend moins agile pour se se baisser ou pour la course, etc.

On ne saurait trop recommander ces divers changements aux maîtres tailleurs pour militaires.

DIFFÉRENTES FORMES DE CEINTURES.

Les ceintures de petites dimensions, telles que 34, 36, 38, 40 doivent être proportionnellement coupées ovales, le creux en bas et le rond en haut.

Celles des 42, 44, 46, 48, 50 doivent être droites. Celles de 52 à 60 doivent être larges avec un bouton sur le devant. Pour ces dernières mettre un peu de rond en bas sur le ventre en les cintrant en haut *(voir les 3 modèles au tableau)*.

Les ceintures de *pantalons sans bretelles* doivent être larges d'environ 3 centimètres, un peu en rond vers le haut et le creux en bas. Il est bon d'y introduire une assez forte toile pour les maintenir, en y faisant une boutonnière sur le devant, afin de former la ceinture de cuir serrant plus en bas qu'en haut.

PANTALONS POUR LES HOMMES ORDINAIREMENT ASSIS, TELS QU'ÉCRIVAINS, BUREAUCRATES, ETC.

Pour couper ces pantalons, il faut les tracer comme à l'ordinaire, en faisant les changements indiqués au numéro 5 par les lignes pointillées au devant et au derrière, c'est-à-dire les largeurs données au derrière, sur les hanches, les longueurs du haut au point C, celles du point A (pointe de fourche), qui au lieu d'être tendu, doit avoir de l'*embu*.

Faire le devant un peu plus court à la lettre F, plus large et plus creusé à la pointe de fourche.

ATELIERS.

Nous engageons vivement les ouvriers à ne rien négliger pour se procurer un atelier le plus grand possible, bien aéré et ayant un jour convenable. Qui ne sait qu'un faux jour fatigue la vue presque autant qu'un travail de nuit. Dans un atelier trop petit, l'air y est facilement concentré, ce qui entraîne des maux d'yeux et autres indispositions.

L'atelier étant la pièce la plus précieuse du travailleur, son véritable palais, celui-ci devrait toujours lui donner la primauté, même sur sa chambre à coucher.

PRESSAGE DES PANTALONS.

Son économie.

Le pressage est un des points les plus essentiels de la partie de tailleur, aussi croyons-nous être utile et agréable à nos lecteurs en en démontrant toute l'économie.

Un grand nombre d'ouvriers de notre corporation sont fatigués de la poitrine. Cette affection nous semble provenir presque exclusivement du pressage.

La plupart se tiennent courbés des heures entières, soit qu'ils pressent sur des planches, soit sur les genoux, et mouillent avec leur salive au lieu de se servir d'éponge.

Pour obvier à ces inconvénients si funestes; nous conseillons à nos confrères de se munir d'un comptoir d'une hauteur voulue, pour qu'ils puissent presser debout et sans être obligés de se baisser comme on le fait presque toujours.

Par ce moyen, non seulement on ne dérange personne, ni ouvrage, ni fournitures, etc., etc, mais les pantalons sont mieux pressés, plus propres, on se fatigue moins, tout en économisant beaucoup de temps.

M. Jarrin, rue Sainte-Foy, 17, est l'inventeur d'un poêle qui, par sa petite dimension et sa solidité (il est en fonte), offre les plus grands avantages aux personnes économes. Quoique son prix (12 fr.), qui le rend accessible à tous soit très modéré, il est d'un excellent usage et chauffe très vite.

Pour son entretien, il faut se servir de petit coke ; M. B. Tassin, rue de Longchamps, 17 et 19, qui nous fournit depuis longtemps, le livre aux tailleurs qui le prennent par demi-voie, au même prix qu'aux charbonniers.

C'est donc encore une grande économie.

Nos carreaux placés sur une plaque qui recouvre ce petit poêle sont toujours propres, et nous nous en servons constamment sans crainte de salir jamais ni étoffe, ni doublure.

Il n'est nullement besoin de frotter ses carreaux sur le parquet, habitude qui cause tant de désagréments, et pour l'ouvrage et pour les personnes qui demeurent au-dessous.

Que de tailleurs ont reçu congé de leurs propriétaires à cause de cet ennuyeux frottement, pourtant si facile à éviter.

SOLIDARITÉ ENTRE PATRONS ET OUVRIERS.

Tous les hommes, quelle que soit leur position sociale, ont besoin les uns des autres.

Le lien qui unit réciproquement le patron et l'ouvrier est solidaire. On ne peut froisser les intérêts de l'un sans atteindre ceux de l'autre.

Que le patron en toutes circonstances, se montre poli et digne envers ses ouvriers. En faisant couper son ouvrage à temps et en ne négligeant aucune recommandation relative à sa commande, il évitera à l'ouvrier beaucoup de courses inutiles et il sera plus assuré d'être servi avec satisfaction.

L'ouvrier doit toujours se montrer respectueux envers son patron, consciencieux dans la confection des travaux qui lui sont remis et qu'il est obligé de rendre exactement aux heures indiquées.

Si parfois, un patron, subissant les ennuis de clients difficiles et de la stagnation des affaires, se montre bref, soucieux et intolérant, l'ouvrier doit écouter ses observations et avouer franchement, sans détours, les torts qu'il pourrait justement avoir encourus.

Paie. — Dans l'intérêt commun des ouvriers et patrons, nous engageons fortement ceux-ci à payer à chaque pièce. Ce mode de paiement adopté par les confectionneurs font qu'ils manquent rarement d'ouvriers.

Qu'un travailleur ait besoin d'argent, il quittera ou négligera l'ouvrage de celui qui ne paie que tous les huit jours, pour en faire d'autre qui lui sera payée de suite et qui le plus souvent n'est pas à l'heure.

Les patrons ont intérêt à faire faire le moins de courses possible à leurs apiéceurs et culottiers, car, lorsque ceux-ci (qui autant que possible, doivent s'arranger de façon à ce qu'eux-mêmes ou leur femme reportent l'ouvrage), sont absents, il s'opère un certain relâchement chez les ouvriers et ouvrières et le travail se trouve plus négligé.

Il est nécessaire d'inscrire les observations sur des étiquettes *ad hoc* : seul moyen d'éviter toute contestation entre ceux qui se plaindraient qu'on n'aurait pas suivi leurs recommandations et ceux qui seraient accusés de les avoir oubliées.

Toute observation verbale doit être considérée de part et d'autre comme nulle et non avenue.

En un mot, comme le même intérêt rapproche forcément les patrons et les ouvriers, qu'ils sachent les uns et les autres chercher et trouver, au moyen de concessions réciproques, le centre d'harmonie qui doit constamment les unir.

HYGIÈNE.

CAUSES FRÉQUENTES DE MALADIE.

Chaud et froid. — Ls tailleurs, par l'habitude qu'ils ont de faire leurs courses promptement, s'exposent très souvent à attraper chaud et froid. Presque toujours à l'heure, ils courent, ils arrivent tout en sueur, se découvrent et un courant d'air, dans ce cas, peut faire naître des maladies, des rhumes qui se portent sur la poitrine.

Si l'on a bien chaud, avant de se découvrir, on prend un peu d'eau-de-vie, on s'en frotte les tempes et le derrière des oreilles.

Si, négligeant cette recommandation, l'on attrape chaud et froid et que l'on soit dans son état normal, on recueille un rhume que le repos et des boissons rafraîchissantes guérissent facilement. Si, au contraire, on se trouve sous l'impression d'une vive contrariété, on s'expose fort à gagner une paralysie ou une fluxion de poitrine, qui réclame le plus tôt possible l'assistance d'un médecin.

Le travail du tailleur ne lui permet pas de se donner beaucoup d'exercice, aussi chez beaucoup d'entre eux la digestion s'opère-t-elle difficilement. Les excès de café et de liqueurs leur sont nuisibles; la viande de charcuterie ainsi que le pain frais ne peuvent que leur être funestes.

Les règles de l'hygiène nous engagent à manger souvent des potages, de la viande de boucherie modérément, mais beaucoup de poissons et de légumes.

Vers la fin de la semaine, le corps trop souvent échauffé par l'assiduité du travail, a besoin d'aliments rafraîchissants.

Réglons le plus possible nos heures de repas. Faisons en plutôt quatre que deux.

L'assiduité de notre travail exige que l'on mange peu à la fois, mais souvent.

Courbature.— Si par suite d'un travail trop prolongé on éprouve une *courbature*, c'est-à-dire des malaises dans tous les membres, il suffit de se frictionner le corps, avec de l'alcool camphé, le soir en se couchant, pour que le lendemain toute fatigue ait cessé.

Piqûre. — Comme il arrive à tous les ouvriers de se piquer, en cousant, sous l'ongle du pouce et que cette piqûre peut devenir dangereuse, nous nous faisons un devoir d'indiquer le moyen que nous avons le plus souvent employé avec succès, pour éviter toutes suites fâcheuses.

Aussitôt que l'on se sent piqué, on prend

un charbon en feu sur lequel on répand un peu d'huile d'olive ; l'on presse le pouce de manière à entrouvrir la piqûre, placée au-dessus de la vapeur. Cette vapeur, en pénétrant dans la piqûre, la cautérise et la guérison s'opère instantanément.

L'eau sédative ou l'eau-de-vie camphrée pourrait jusqu'à un certain point remplacer la vapeur de l'huile.

Maux d'yeux. — La constipation, une nourriture abondante et trop forte, l'application au travail font parfois monter le sang aux yeux.

Que l'on se garde bien de toutes ces pommades et eaux minérales, dont la meilleure vertu, sinon la seule, a pour effet d'engraisser des charlatans.

Il faut prendre simplement des rafraîchissements et se laver les yeux avec de la vieille eau-de-vie coupée d'un peu d'eau filtrée.

Froid et chaleur aux pieds. — Les personnes qui, peu habituées à la marche, font de temps à autre de longues courses, se fatiguent promptement, surtout les pieds. Le

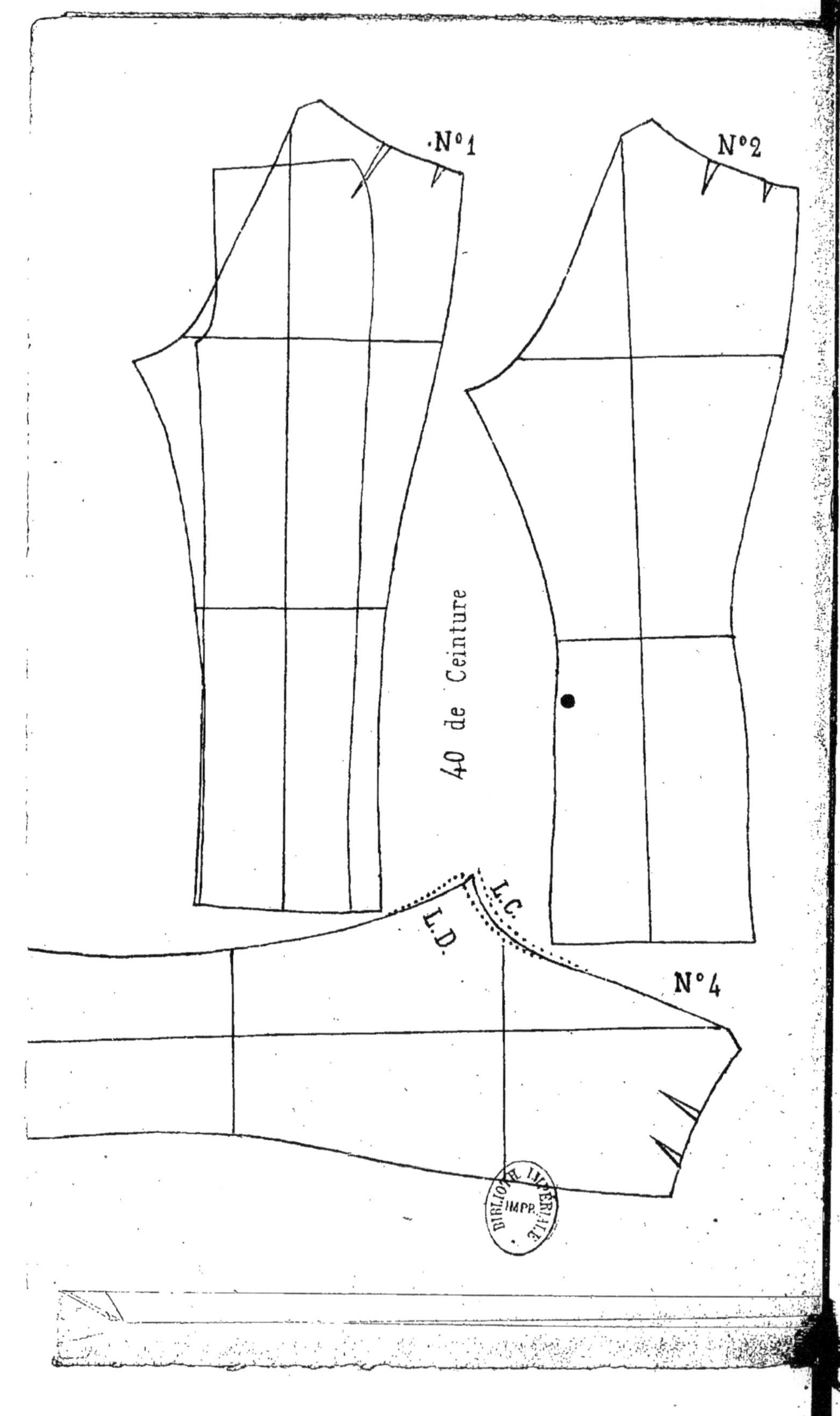
N°1
N°2
40 de Ceinture
L.C.
L.D.
N°4

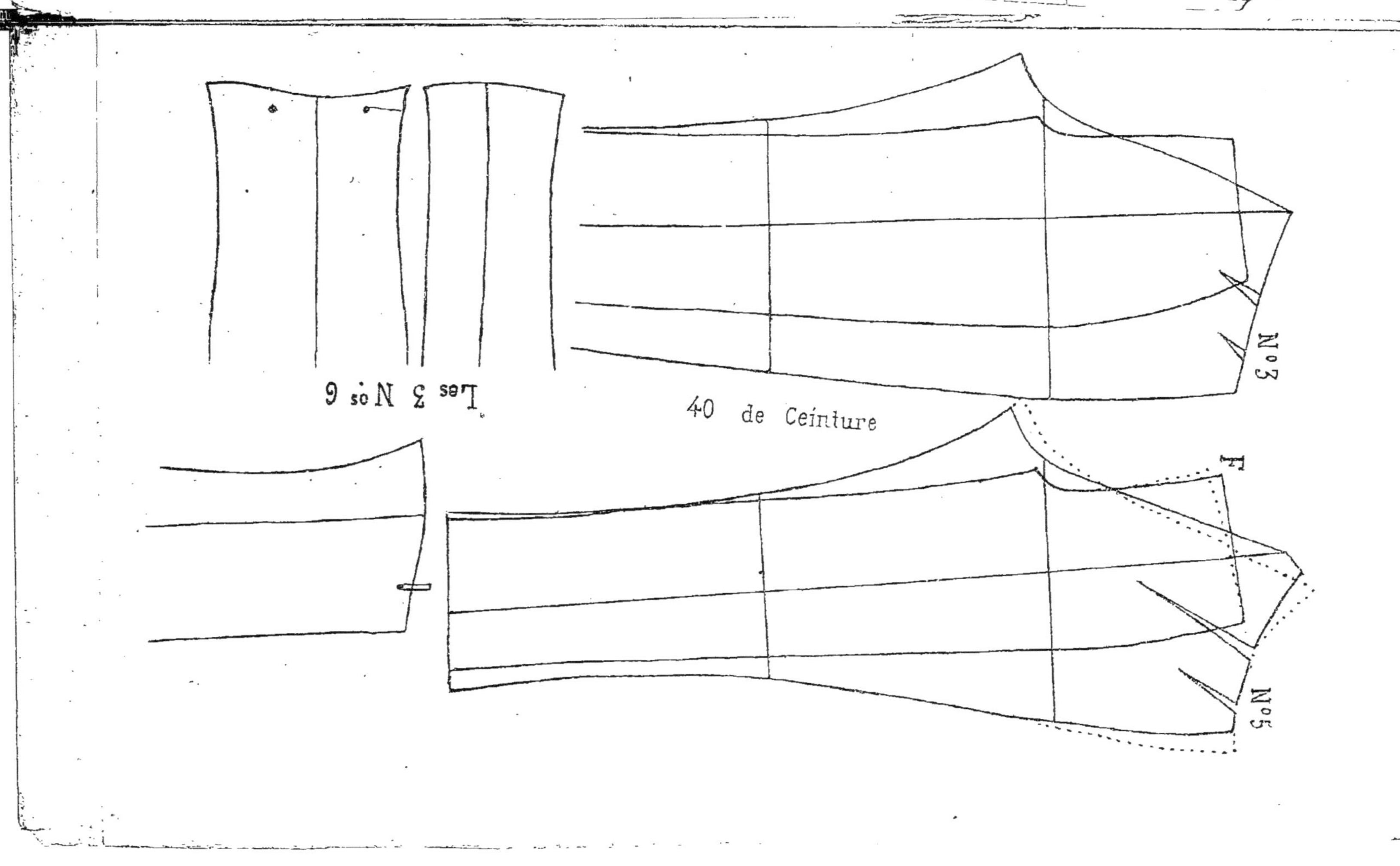
N°3
40 de Ceinture
Les 3 Nos 6
F
N°5

sang qui s'y porte occasionne des pointillements presque insupportables.

Pour y remédier, il faut prendre de l'eau sédative, s'en laver le dessous des pieds que l'on pose 2 ou 3 minutes sur un chiffon imbibé de cette eau.

Si l'on n'avait pas le temps de se déchausser, on devrait en faire glisser dans la chaussure.

Le peu de mouvement que l'on se donne produit souvent, en hiver, le froid aux pieds, surtout le soir en se couchant. Pour les réchauffer, pour y faire descendre le sang, on les frictionne avec de l'eau-de-vie camphrée et le froid cesse.

Ces procédés que nous avons maintes fois employés, nous ont toujours réussi.

JOUR DE REPOS

D'UNE ABSOLUE NÉCESSITÉ POUR LE TRAVAILLEUR.

L'homme doit, pour vivre, travailler un certain nombre d'heures par jour. Le travail lui donne de la force, lui procure l'existence, le moralise et le maintient dans la loi du devoir et du droit. Il est donc le mobile de l'existence matérielle et morale du travailleur. Son utilité incontestable étant reconnue, nous devons chercher, par tous les moyens, à le faire aimer en le rendant agréable, attrayant à tous.

Pour cela, il est nécessaire de régler son temps d'une manière convenable, c'est-à-dire de ne pas travailler tantôt 10 heures, tantôt 12 heures, tantôt 15 heures par jour.

La tradition et nos besoins naturels nous obligent à travailler six jours par semaine et à nous reposer le septième.

Le septième jour ou jour de repos, d'une nécessité absolue pour le travailleur, n'est-il pas pour lui un jour de fête? Oui. L'homme qui a consacré au travail le temps révolu, avec la conscience d'avoir rempli son devoir, éprouve au bout de quelques jours le désir, le besoin de voir ses proches, de fraterniser avec ses amis, etc., etc. Proprement vêtu, bien peigné, bien ciré, le front haut et fier, le gousset un peu garni, il oublie ce jour-là les difficultés, les vicissitudes de l'atelier, il goûte les délices de la vie. Si, au contraire, son travail n'est pas réglé, que le jour du repos lui soit enlevé pour une raison ou pour une autre, sa santé s'altère, l'ouvrage lui déplaît, ses affaires sont en désordre et tout l'ennuie.

Le travail de nuit est nuisible à tous égards. Si un devoir impérieux nous oblige à *piocher* toute la journée, il est juste, nécessaire de se reposer la nuit. Nos intérêts les plus chers nous en font une loi qu'on ne devrait enfreindre que dans des circonstances tout à fait extraordinaires.

L'expérience nous a démontré de la manière la plus évidente, que par l'assiduité régulière de 12 heures pendant 6 jours, on faisait plus d'ouvrage qu'en restant parfois 12, parfois 15 et même 18 heures cloué sur son labeur.

En voici la raison bien simple : lorsqu'on fait des *extràs* en dehors de ses habitudes, l'esprit se rouille et le corps se fatigue. Si, par notre courage et notre énergie, nous nous maintenons les trois premiers jours, nos facultés morales et physiques faiblissent peu à peu, nous perdons, à la fin de la semaine, les produits du commencement. On est fatigué, exténué, nos nerfs sont agacés, l'appétit diminue et l'ouvrage ne peut être que négligé.

Nous disons donc sans crainte d'être démenti :

Le travail réglé,

Le repos réglé,

Les affaires réglées,

sont trois choses essentielles au bonheur de l'homme.

Le travail bien organisé de 10 ou 12 heures n'est plus seulement un devoir pour nous, il devient une distraction, une satisfaction. Ce laps de temps raisonnablement employé, il nous reste des heures dont nous pouvons disposer, soit en lectures, soit à la promenade ou à visiter des amis, etc., etc.

Quel est le septième jour pour les personnes qui travaillent toute la semaine? Admettons, cher lecteur, que vous travailliez depuis 21 ans et que vous ayez observé strictement le septième jour, vous serez resté l'espace de 3 ans sans travailler. Le septième jour ou les 3 années que vous vous serez réservées sont un jour ou des années de *vrai rentier*, oui de *vrai rentier*. La régularité de votre travail et de vos affaires vous aura permis de dépenser plus de force, plus de gaîté et de véritable joie à vos plaisirs. Ce jour de fête aura été rempli par des satisfactions pures, saines et toutes joyeuses. Arrière ennuis et soucis. Si un malavisé vous accoste pour parler d'affaires, n'avez-vous pas conquis le droit de lui dire : A demain les affaires, car demain je travaille, mais aujourd'hui, toute la journée, *je suis rentier*, *je suis rentier*.

Dans vos promenades, vous êtes à même de rencontrer votre propriétaire, votre patron ou un commerçant de vos connaissances qui courent à perdre haleine après les affaires. Gardez-vous bien d'essayer de les retenir, car ils sont tellement pressés de terminer leur besogne pour profiter du repos commun, qu'ils vous répéteraient inévitablement leur *cliché* habituel : « Vous êtes bien heureux, mon ami, de pouvoir vous reposer aujourd'hui, je voudrais être à votre place, etc., etc. »

Que le lecteur veuille bien me permettre de lui faire ici une confession qui m'est toute personnelle. J'ai, dans ma vie, travaillé pour un grand nombre de maîtres tailleurs, et de premier ordre, j'ose le dire. Dès le commencement, je leur ai tenu à peu près ce même langage à tous :

— « Je ferai mon possible pour bien exécuter votre ouvrage et vous le rendre à l'heure, prenant mes mesures pour le rapporter ou le finir le samedi soir ; mais ne comptez jamais sur moi pour travailler la nuit ou le dimanche. »

Voici la réponse que l'on m'a faite partout :

— « Il serait à désirer que tous les ouvriers fissent comme vous, nous pourrions au moins nous montrer exacts envers les clients; les satisfaire en leur remettant leur commande aux heures demandées. Il arrive trop souvent que le dimanche à 4 ou 5 heures du soir, nous n'avons pas fini nos livraisons, parce que les ouvriers, au lieu de terminer le samedi soir, comptent sur la matinée du dimanche et nous rendent l'ouvrage trop tard. »

Qui n'a pas vu souvent des patrons danser de colère dans leurs salons, attendre avec une impatience une pièce que l'ouvrier avait promise et qui manquait pour compléter leur livraison? Aussi que peuvent produire d'ordinaire ces retards et ces perplexités?

Le patron furieux reçoit mal l'ouvrier, ses nerfs agacés le rendent difficile, il trouve à redire à mille choses presque insignifiantes qu'il n'aurait même pas relevées s'il eût eu son ouvrage à l'heure. Les têtes s'échauffent mutuellement; la brouille s'en mêle; on se quitte, et patron et ouvrier y perdent tous les deux; car, comme dit le proverbe, « *on sait qui l'on quitte, on ne sait pas qui l'on reprend.* » L'exactitude, la tolérance conservent l'union.

Que l'ouvrier le sache bien : Un ouvrage en retard peut faire perdre au patron un bon client et par suite lui suggérer des ennuis irréparables, etc. Aussi ne saurions-nous trop recommander l'exactitude qui ne peut avoir constamment lieu sans que le TRAVAIL SOIT BIEN RÉGLÉ.

UNION DES DEUX SEXES.

On l'a dit depuis longtemps, l'homme seul n'est que la moitié d'un être humain, il n'est homme qu'à demi. C'est un roi sans royaume. L'homme et la femme diversement créés ne vivent et ne sont ce qu'ils peuvent et doivent être que l'un par l'autre. Sous peine d'être en *désaccord avec la création*, leur union est nécessaire, utile, indispensable.

Dieu, en créant l'homme et la femme séparément et distinctement, a voulu former un tout complet. Il a donné à l'homme la force physique et morale pour qu'il pût se charger des rudes labeurs et commander avec justice. La femme se distingue plus par le sentiment. Elle a reçu en partage la sensibilité, la tendresse, la finesse et la faiblesse. Bonne et sensible, elle doit être aimée et chérie de son mari, douce et tendre pour ses enfants, elle est l'objet de leur adoration. Sa faiblesse lui fait sentir et comprendre la solidité du jugement, la supériorité de l'homme. Son esprit adroit et fin, son cœur généreux et dévoué en font sa rivale.

Bien convaincus de cette vérité qu'ils ne doivent former qu'un tout complet, l'homme et la femme ne sauraient se montrer trop difficiles dans le choix de leur union. Physionomie, caractère, intelligence, conduite, tout doit être considéré avec prudence et mûre réflexion. Qualités, passions, défauts doivent être étudiés avec soin et jugés sainement.

Nous aimons à rencontrer chez l'homme un esprit travailleur et intelligent; une affection délicate jointe à de la résolution, de la virilité. Probe, loyal, dévoué, il ne peut être qu'un digne époux et un bon père.

La femme doit se distinguer par un caractère noble, candide, amical, doux, gracieux et modeste et un esprit d'ordre et d'économie.

On doit éviter avec soin ces distinctions absolues qui conduisent à dire : ceci est l'ouvrage de l'un, cela est l'ouvrage de l'autre. Tous les deux sont également intéressés à ce que l'ordre règne dans la maison et dans les affaires; ils doivent donc s'aider mutuellement pour obtenir ce résultat. Qu'ils aient l'un pour l'autre une affection toujours pure. Combien de *lunes de miel* sont souvent brisées par le manque de respect, par l'habitation conjugale effrénée et exercée au mépris des lois inviolables de la nature. . . . .

Que l'homme se montre constamment à la hauteur de sa mission, qu'il travaille avec courage, qu'il soit affable, dévoué pour sa femme et ses enfants; celle-ci, en retour, sera une digne épouse, une bonne et tendre mère, aimée et chérie dans sa maison dont elle est la reine, considérée et estimée de toutes les personnes qui auront appris à la connaître.

TEMPS DU CHOMAGE.

Les flux et reflux des affaires, le changement des saisons, les événements politiques, les tripotages de la bourse, la pluie et le soleil, etc., etc., produisent dans toutes les professions des temps de chômage.

La partie du tailleur surtout a malheureusement à subir des *mortes-saisons* parfois très longues.

Dans ces circonstances fâcheuses, la plupart des ouvriers n'ont pas même le courage de travailler pour eux. Pour *tuer le temps,* ils se promènent sans but déterminé, et s'ils rencontrent par ci, par là des amis, des connaissances, l'entretien qu'ils ont ensemble les rend souvent plus soucieux, plus tristes, indécis et ennuyés. Ils ne savent que faire, hélas! et cependant combien peuvent à peine lire et écrire; ils se plaignent de la misère et restent plongés dans l'ignorance.

Sachons donc bien que nous ne pouvons espérer de jours meilleurs, d'utiles réformes pour l'amélioration de la fatale position qui nous est faite, que si nous savons comprendre nos droits et nos devoirs. Efforçons-nous donc d'étudier, de connaître et de remplir ceux-ci, et une amélioration progressive, salutaire, basée sur l'union des travailleurs, viendra couronner nos efforts.

Il y a quelque six mois, un de mes bons amis, assez favorisé de la fortune pour ne pas être obligé de recourir à un travail assidu afin de se procurer le pain quotidien, me demanda ce qu'il fallait faire pour chasser l'ennui qui l'assiégeait depuis quelque temps et dont il ne pouvait se rendre compte.

Je lui répondis :

« Mon cher monsieur X***, quand la mélancolie vient attrister votre âme, quand tout devant vous paraît sombre et que votre cœur est gonflé, lorsqu'enfin votre esprit est atteint d'une sorte de crainte fantastique dont vos yeux brillants sont humides malgré vous, il faut alors rassembler votre courage et vous poser ces questions :

« Qu'ai-je donc fait à Dieu qui puisse me mettre dans un tel état ? Ai-je à me reprocher quelques mauvaises actions ? Suis je sous le coup de la justice de la divinité ou des hommes ? Est-ce que ma position sociale est en péril ? Mes sens ne sont-ils pas satisfaits ? N'ai-je pas conservé l'estime des personnes qui me connaissent ? Ne suis-je pas digne de mes amis ?

« Lorsque vous aurez scrupuleusement

étudié, examiné, sondé toutes ces questions, vous apprécierez le motif de vos mélancolies, vous vous connaîtrez, et l'homme qui se connaît, ne s'ennuie jamais, car son être forme, à lui seul, une société avec laquelle il raisonne; il se suffit.

« Ces réflexions, en vous faisant mieux apprécier vos qualités et vos défauts, vos bonnes et vos mauvaises actions, vos capacités et votre position sociale vous feront acquérir aussi et presque sans vous en douter les mêmes connaissances sur vos amis avec lesquels vous vous mettrez naturellement en comparaison.

» Il est rare de se donner tort dans une affaire où l'on est juge et partie. Chacun de nous, dans son for intérieur, a l'habitude de se croire assez bon diable et pas trop déchiré.

» Cette pensée seule pourrait suffire à dissiper vos noirs soucis et à faire renaître chez vous une franche gaîté.

» Si cela était possible, direz-vous, ce serait faire revivre en soi les joies de l'âme, ce serait nous rendre plus riches que tous les souverains de la terre, car les joies de l'âme donnent la paix du cœur, et cette paix seule fait supporter la vie avec satisfaction.

» Eh bien, mon ami, ceci est vrai de tous points. L'étude que vous ferez sur vous-même et sur vos amis, en vous donnant l'expérience du passé et la conscience du présent, vous permettra d'envisager l'avenir avec confiance et sécurité.

» Vous n'aurez alors aucune vengeance à exercer, aucun ennemi à combattre ; car tous les mortels vous sembleront plutôt à plaindre qu'à blâmer.

» N'allez pas pour cela vous illusionner et croire que vous serez complétement heureux. Vous aurez, il est vrai, l'esprit plus droit, l'âme plus sereine; vous serez moins fougueux et moins assombri, vous recevrez goutte à goutte et de minute en minute les douceurs de la vie que vous percevez présentement par flots et à de longs intervalles, dont l'effet en moyenne revient au même et met dans la balance du bonheur et du malheur un poids égal.

» Seulement le sentier de la vie vous paraîtra moins raboteux, les fleuves et montagnes plus faciles à franchir.

» Telles sont, mon ami, les réflexions que m'a suggérées votre fraternelle demande et que je m'estime heureux de vous soumettre. »

Au lieu d'employer nos loisirs à des choses inutiles, cherchons donc tous tant que nous sommes, ouvriers et patrons, à nous procurer par l'étude, le travail, les distractions agréables, ce bien-être physique et moral auquel a droit tout homme qui comprend et remplit dignement sa mission ici-bas.

Quelque précaire que puissse être notre position, quelque cruelles que puissent être les déceptions qui nous arrivent, ne nous laissons jamais aller au découragement, mais conservons toujours une confiance entière dans l'avenir, une foi vive dans ce vieil adage : *Labor improbus omnia vincit*, c'est-à-dire *A force de travail, on vient à bout de tout.*

TABLE DES MATIÈRES.

IMPRIMERIE FÉLIX MALTESTE ET Cie
Rue des Deux-Portes-St-Sauveur, 22.

www.ingramcontent.com/pod-product-compliance
Ingram Content Group UK Ltd.
Pitfield, Milton Keynes, MK11 3LW, UK
UKHW022123260726
13993UKWH00003B/1194

9 782019 969363